DE LA

FORTIFICATION

de Paris,

ET DE SA SIGNIFICATION

POUR LE PRÉSENT ET POUR L'AVENIR.

DE LA

FORTIFICATION

de Paris,

ET DE SA SIGNIFICATION

POUR LE PRÉSENT ET POUR L'AVENIR.

TRADUIT DE L'ALLEMAND.

Extrait de la 9ᵉ livraison du journal militaire prussien (*Zeitschrift*)
de 1841.

Paris.

G.-A. DENTU, IMPRIMEUR-LIBRAIRE,

ruc de Bussy, nº 17;

ET PALAIS-ROYAL, GALERIE VITRÉE, Nº 13.

1842.

AVERTISSEMENT DU TRADUCTEUR.

L'écrit dont nous donnons la traduction textuelle, est sorti de la plume d'un officier supérieur distingué, appartenant au corps du génie de l'armée prussienne, écrivain militaire très-estimé en Allemagne, et l'un des principaux rédacteurs du journal militaire prussien (*Zeitschrift*).

L'auteur n'ayant pas mis sa signature, mais seulement la première et la dernière lettre de son nom, au bas de cet écrit, nous devons nous borner à ces indications.

DE LA

FORTIFICATION DE PARIS,

ET DE SA SIGNIFICATION

POUR LE PRÉSENT ET POUR L'AVENIR.

(Ecrit au milieu d'avril 1841.)

Avec cette épigraphe en français *au revers du titre :*

La parole a été donnée à l'homme pour déguiser sa pensée.
TALLEYRAND.

Ce qui était à prévoir est arrivé : la Chambre des Pairs a adopté le projet de fortification de Paris. La sanction royale ne se fera pas long-temps attendre, et de ce moment la situation de la France devient tout autre, ce qui mérite bien d'être examiné avec quelque attention.

Considéré sous le point de vue militaire, il n'y a guère à s'en occuper. On a dit que ce nou-

veau boulevard ôterait à l'étranger l'envie d'at-
taquer la France. Si le but justifie la dépense,
c'est une question que nous avons d'autant moins
à discuter, que certainement la France est seule
et toute seule à penser à une pareille attaque.
Aucune puissance de l'Europe n'a envie de con-
quérir la France. Si, à l'exemple de ceux qui
ont jugé des craintes de Philippe lorsqu'il bâtit
l'Escurial, on mesure l'inquiétude de la France
sur la dépense dont l'évaluation a été mise sous
les yeux des élus de la nation, cette inquiétude
doit être très-grande, et le sentiment de la fai-
blesse très-réel. Mais, à cet égard aussi, il ne
nous appartient pas de porter un jugement, car
chacun connaît mieux que personne sa position.
Nous devons seulement à cette occasion faire remarquer que l'Allemagne, sans offrir jusqu'à
présent une masse aussi compacte que la France,
ne laisse pas apercevoir une inquiétude semblable, mais au contraire, dirons-nous, une con-
fiance calme en elle-même qui annonce la santé,
si toutefois, pour les Etats comme pour les hommes, le sentiment de la force est une preuve de
santé. En quoi consiste cet état de santé? comment en outre il se manifeste? Nous laisserons
prononcer le lecteur, qui sera peut-être disposé
à l'attribuer en partie au développement histo-

rique de la plupart de nos institutions politiques.

Beaucoup d'orateurs ont cependant invoqué
l'autorité imposante de Vauban, pour, selon leur
manière de voir, faire apprécier sous son vrai
jour le mérite de cette fortification. Assurément
Vauban est un juge tout-à-fait compétent; néan-
moins, invoquer cette autorité n'était possible que
devant des Chambres françaises, sans avoir des
objections à redouter. Il n'y a eu qu'un orateur,
le comte d'Harcourt, auquel il soit venu à l'esprit de dire que du temps de Vauban la circonférence de Paris n'était pas la moitié de ce qu'elle
est aujourd'hui, et, ce qui est encore plus signi-
ficatif, que le chiffre de la population d'alors ne
montait pas au tiers de celui de la population ac-
tuelle.

Mais personne n'a fait remarquer que Vauban
considéra la fortification de Paris comme effi-
cace à une époque où toutes les frontières étaient
fortifiées, et où une armée de 50,000 hommes
était réputée appartenir aux plus grandes raretés;
où les militaires les plus expérimentés regar-
daient comme une impossibilité de confier une
armée plus nombreuse à un seul chef; d'où il
suit que, selon la manière de faire la guerre
alors, c'était tout au plus si un parti de quelques

milliers d'hommes eût pu se montrer pendant quelques jours devant Paris.

Toutes les conditions que l'on vient d'énumérer sont tellement changées, que la même échelle ne peut plus leur être appliquée. Si on veut apprendre à connaître quelles auraient été les vues de Vauban dans la situation présente, il faut étudier à fond ses principes sur l'attaque et la défense, pour en déduire comment l'efficacité militaire de ce travail gigantesque pourrait se présenter, et alors il serait possible qu'on arrivât à un tout autre résultat. Personne ne savait mieux que Vauban quelle influence l'approvisionnement et l'esprit d'une nombreuse population exercent sur la défense d'une place. Ses propres préceptes, relatifs aux grandes et aux petites places de guerre, parlent à ce sujet de manière à ne laisser aucun doute.

Il est toutefois certain que qui prend Paris a conquis la France, telle qu'elle est à présent. C'est précisément ce qui voue à la malédiction toute forme de gouvernement dans laquelle la centralisation, poussée à l'extrême, fait réunir dans la capitale ce qu'on peut appeler tous les fils de la vie d'un Etat. Veut-on aussi, comme le fit Napoléon, en éloigner les élémens de gouvernement? ces fils ne sont pas pour cela rompus;

ils ne peuvent suivre la cour si facilement, et ainsi l'influence de la capitale reste la même. De là les écrivains militaires les plus éclairés ont justement conclu que le siége d'un semblable gouvernement devait nécessairement être couvert, protégé, même fortifié contre un ennemi extérieur. Mais voulaient-ils pour cela fortifier la capitale comme la plus grande ville du pays?

Oh! non.

Ils sont tous plus ou moins d'accord sur ce point, que pour atteindre ce but, il faut construire une capitale particulière, gouvernementale, qui, de grandeur moyenne, bien pourvue de tout, et inaccessible à toutes influences étrangères, formerait le contrepoids de la capitale matérielle et commerciale des masses.

La fortification d'une capitale commerciale, l'incarcération, si l'on peut s'exprimer ainsi, de la vie d'un Etat dans les murailles de cette capitale, ne produiront jamais de pareils résultats. Là, de tous autres élémens sont en jeu. La masse de la population, et particulièrement celle d'une grande ville, ne pense qu'aux intérêts matériels. Cette population doit être armée pour la défense. Aussitôt que ses intérêts souffrent, ce qui est inévitable, l'esprit d'opposition s'émeut, ce qui ne peut manquer de paralyser la défense. Napo-

léon savait ce dont des masses armées sont capa-
bles, quelle influence elles exercent; et quand,
en 1815, il lui fallut procéder à leur armement
dans Paris, il se garda bien de les y laisser; mais
il organisa promptement, éloigna de Paris et en-
voya défendre les frontières, ce qui pouvait lui
devenir dangereux dans la capitale. On peut
donc raisonnablement mettre en doute qu'il aurait
compté sur les habitans pour la défense de Paris,
quand même il l'eût dit, parce que, comme Talleyrand, il partait de ce principe, que « la parole
a été donnée à l'homme pour déguiser sa pensée. » Thiers et ses partisans comptent à la vérité sur la garde nationale fournie par la bourgeoisie industrielle; mais celle-ci serait plus à
redouter que les assiégeans, quels qu'ils fussent.
Le désir d'une capitulation se manifestera vio-
lemment chez elle aussitôt que le manque de
gain et des commodités de la vie se fera sentir;
elle ne le laissera certainement point arriver jusqu'à la famine. Or, aux habitudes de sa vie ap-
partiennent beaucoup de choses qui doivent tous
les jours être apportées de la campagne à la ville,
et que la moindre surveillance des voies de com-
munication fera inévitablement disparaître des
marchés. Précisément cette classe de peuple qui
exerce le plus d'influence sur le prolétaire, sait

compter; elle aura bientôt fait le calcul de ce que lui coûterait de moins le séjour momentané de l'ennemi, comparé à une défense, fût-elle de courte durée, et en admettant même qu'elle fût victorieuse. La *gloire* (1) n'a de prix aux yeux des hommes de cette classe, qu'autant et aussi long-temps qu'elle fournit un aliment à leur jactance; mais quand il faut la payer au prix de beaux écus comptans, ce n'est plus qu'une passion éminemment condamnable. Une capitale est nécessairement, par l'agglomération qui lui est propre, toujours égoïste; seulement, après une oppression monstrueuse qui aurait blessé au vif les intérêts matériels, elle est susceptible de prendre un essor belliqueux prononcé, pour peu de temps. D'où il suit que l'habitant d'une grande ville ne se fie jamais aux promesses, presque toujours éludées, d'une indemnité pour les pertes qu'il a éprouvées; il sait très-bien, par expérience, que cette indemnité se fera au moins long-temps attendre, que les moyens seront épuisés ou insuffisans, et que plus tard on en perdra jusqu'au souvenir. C'est pourquoi il préfère une convention avec l'ennemi, qui lui promet sûre-

______

(1) Ce mot est en français et souligné dans l'original.

ment encore d'autres profits, tandis que son propre gouvernement se voit obligé de prendre à crédit pendant le siége.

Ainsi, la fortification de Paris, sous le rapport de la défense contre un ennemi extérieur, pourrait avoir d'autant moins d'influence, que la défense est compliquée de plus grandes difficultés. Abstraction faite de toute autre considération, on voudra bien remarquer seulement que la ligne d'enceinte, mesurée entre les forts, embrasse une périphérie de 13,500 verges, ou six milles et trois quarts d'Allemagne, et qu'elle offre par conséquent plusieurs champs de bataille fort étendus, sur lesquels l'ennemi peut opérer à l'improviste avec toute sa masse concentrée; d'où il suit que toute unité dans la défense peut être compromise à chaque instant par un agresseur habile, et que toute surprise sera décidée avant que les réserves aient pu arriver sur le terrain. On ne manquera pas de répondre que c'est précisément pour parer à cet inconvénient qu'on veut construire l'enceinte continue. Mais ici il faut encore mettre dans la balance que cette enceinte aura elle - même une circonférence de 8250 verges, ou quatre milles et un huit d'Allemagne; et il ne faut pas non plus perdre de vue la difficulté d'y faire arriver des forces de la réserve placée au centre, et qui auront à passer par les rues étroites et tortueuses de Paris; et que cela sera encore plus difficile, si cette réserve n'est pas placée au centre.

La signification politique est beaucoup plus importante pour l'Europe entière, autant qu'on peut en juger d'après le dire des rhéteurs, savoir que dès-lors la situation de la France devient tout autre vis-à-vis des puissances, en ce qu'elle la met à même d'intervenir plus énergiquement, plus vigoureusement dans toutes les questions européennes, et de prendre une attitude digne d'elle; ce qui, traduit en allemand, est l'équivalent de dire qu'elle veut imposer partout sa volonté comme loi. Si c'était là le cas, la chose serait d'une haute importance, et l'Europe aurait le droit d'y mettre opposition. Mais si on prend conseil de l'histoire, on voit que la France fut dangereuse pour ses voisins dans un temps où elle n'avait point encore de capitale fortifiée; et comme il ne lui vint pas dans la pensée d'articuler ses volontés d'une manière claire, positive et péremptoire, qu'ainsi la fortification de la capitale n'est pas nécessaire pour cela. On reconnaît ensuite, par les discours mêmes des défenseurs de la loi, que cette force qu'on veut se procurer, doit provenir de ce qu'on sera délivré de la crainte de voir le moindre revers faire tomber la capitale aux mains de l'ennemi. Des remparts donneraient ainsi du courage à la peur! L'expérience vient encore ici répondre, et il est permis de croire que ce résultat moral serait très-douteux.

Ce projet doit cependant sembler tout-à-fait incompréhensible, quand on pense que la mesure entière émane d'un roi qui, dès le premier moment où il prit les rênes du gouvernement, a donné les plus fortes garanties de ses sollicitudes pour le bienfait de la paix. Il paraît avoir reconnu, dans la mesure, le complément indispensable d'un gouvernement constitutionnel ferme et vigoureux, et c'est dans ce sens qu'il faut sans doute considérer la fortification de Paris. Le roi règne et ne gouverne pas : le roi Louis-Philippe n'a jamais contesté ce principe de sa monarchie. Comprend-il peut-être que régner doit avoir une signification différente de celle qu'on lui donne ordinairement dans le langage révolutionnaire? Et cette fortification ne devrait-elle pas conduire à en faciliter l'intelligence? Louis-Philippe n'a pas traversé en pure perte la première et la seconde révolution; il en a mis a profit les enseignemens. Il est observateur pénétrant; il connaît les hommes, comme peu parmi eux peuvent se flatter de les connaître; personne ne sait plus habilement que lui juger les côtés faibles des partis qui l'entourent, et les faire servir à atteindre son but. Il ne lui a point échappé que Louis XIV n'a pas transféré sans raison le siége de son gouvernement hors de Paris, et fondé, dans son Versailles, sa capitale gouvernementale, qui contrebalançait l'influence de Paris sous le rapport politique. Il a vu que la révolution, pour arriver à ses fins, alla chercher Louis XVI, et l'amena à Paris; que Napoléon habitait Saint-Cloud, pour tenir mieux en bride la capitale; et enfin que la chute de Charles X fut essentiellement facilitée parce que, étant trop près de la capitale, il n'y avait qu'une garnison trop faible, sans parler d'autres fautes qu'il fit, et qui sont étrangères à la question qui nous occupe; car s'il avait eu, comme Napoléon, un nombre suffisant de troupes, tant à Paris qu'aux environs, tous les efforts de la révolution seraient venus échouer à Saint-Cloud.

Depuis long-temps on avait fait la proposition de transférer le siége du gouvernement sur la Loire, à Orléans par exemple, et là de fonder une capitale militaire gouvernementale. Mais Louis-Philippe n'osa pas prêter l'oreille à cette proposition, parce que les républicains se seraient aussitôt élevés contre le despotisme militaire, leur expression favorite aujourd'hui, pour décrier un gouvernement fort, qui les aurait naturellement menacés de porter un coup mortel à leurs machinations anarchiques, et Paris eût été d'accord avec eux. Quand on est en mesure de maintenir l'ordre dans Paris, on est le maître de régner et de gouverner en France; et il n'y a pas loin de là à la pensée d'entourer tellement la capitale elle-même, que tout mouvement lui devienne impossible. Mais il ne fallait pas non plus révéler trop tôt cette pensée aux *chers camarades* (1). On fit donc, sous toutes sortes de prétextes, arriver à la fois de toutes parts des troupes à Paris; on en plaça dans les environs, on en logea partout séparément dans les casernes; on changea souvent les quartiers, de manière que, sans qu'il y parût, la force militaire habituelle fut portée à 50,000 hommes, qui sont suffisans dans tous les cas.

Cependant le roi comprit que cet état de choses ne pouvait pas être de longue durée. L'isolement devait être désagréable aux troupes; et si on y renonçait, leur contact perpétuel avec

(1) Ces mots sont en français et soulignés dans l'original.

une bourgeoisie dissolue et sans frein, devenait dangereux. Vincennes avec son château leur donnait un point d'appui, cette place servait au moins à mettre en sureté les approvisionnemens nécessaires; mais ce n'était point une citadelle dominante et éventuellement propre à être employée comme moyen de répression. Ainsi se développa l'idée des forts, qui, en apparence dirigés contre un ennemi extérieur, sont en même temps destinés à faire la loi à la capitale.

Les faire passer seuls était impossible, et le roi, avec une grande sagacité, laissa tomber cette idée, lorsqu'il remarqua qu'il se formerait une opposition redoutable. Il mit cependant à profit les opinions partagées des militaires, et fit aussi proposer une enceinte continue, qui présentait les mêmes avantages en y ajoutant, mais dont l'adoption aurait été encore plus difficile à obtenir, si on n'avait pas jeté une amorce aux passions en demandant les forts. Le dilemme était merveilleusement ingénieux. Accordait-on les forts, on arrivait plus promptement au but; si on les rejetait, il y aurait d'autant plus de chances pour l'enceinte continue, beaucoup plus importante. Cependant tous ces efforts échouèrent devant la jalousie de la révolution; elle devait être antipathique à tout projet tendant à amener un état de tranquillité qui créerait quelque chose de stable. Pour éviter cet écueil, il n'y avait d'autre moyen que de faire introduire le projet de fortification par la révolution elle-même. Si on réussissait, il n'y avait plus à s'inquiéter de l'extension; plus il serait gigantesque, excentrique, plus le projet devait trouver là de prôneurs. Thiers était justement l'homme propre à se laisser enthousiasmer d'une pareille idée. Il n'avait qu'à perdre dans de nouvelles bourrasques révolutionnaires; toute sa vanité devait s'émouvoir à la pensée d'attacher son nom à la construction la plus gigantesque qui ait jamais été entreprise depuis les Ptolémées. Assuré d'être soutenu par son parti et surtout par toute la presse révolutionnaire, dont il tenait les fils dans ses mains exercées à les faire jouer, il entreprit l'œuvre avec une effronterie à peine imaginable.

Pour exciter la nation et l'enflammer d'ardeur belliqueuse, on tira par les cheveux une question pendante avec l'Angleterre et le continent. Le ministre parut identifié à la pensée du roi, la cour s'attela avec lui; toutes ses rodomontades trouvèrent d'autant plus d'écho dans les oppositions de diverses couleurs; les légitimistes eux-mêmes, ordinairement assez clairvoyans, approuvèrent tous ses projets, qu'ils blâment aujourd'hui, que le bandeau est tombé de leurs yeux. Ancône et Anvers n'avaient pas été des insultes; mais qu'un traité soit conclu sans la France, lorsque celle-ci, sous mille prétextes, a refusé d'y adhérer, c'est un *casus belli*. La France doit conserver sa dignité et reprendre la position, que personne ne lui conteste, mais que la presse de M. Thiers proclame qu'elle a perdu; et cela ne peut mieux s'opérer, qu'en construisant, non plus seulement les forts, mais en même temps l'enceinte continue. Toutefois, pour tenir encore plus la nation dans l'aveuglement, on éloigna davantage les forts, qui avaient été représentés comme pouvant seuls être dangereux pour le repos de la capitale; et il n'est venu à l'esprit de personne de faire remarquer que cet éloignement des forts était amplement compensé par les bastions de l'enceinte, et notamment par les établissemens militaires projetés dans l'intérieur, lesquels seraient beaucoup plus rapprochés de la ville que les forts avant leur éloignement. M. Thiers connaît son public; il voulut donner au roi une garantie de son dévouement; et assuré d'être soutenu, il entreprit l'œuvre sous sa responsabilité, au moyen d'ordonnances royales, sans attendre le vote des Chambres. Aussitôt les travaux furent commencés; mais sur quel point d'abord? Cette circonstance n'est pas du tout in-différente. La liste civile donna le bon exemple; le séjour de prédilection du roi, le parc de Neuilly, vit abattre ses plus beaux arbres pour commencer devant les Ternes un grand ou-vrage à couronne, dont la gorge, bornée par l'avenue de la porte Maillot, peut être fermée à tout instant, et qui n'est éloigné que de 1200 mètres, environ 1500 pas, de la barrière de l'Etoile.

Si on réfléchit maintenant que ce côté de Paris est celui qui serait le moins exposé à une attaque de l'ennemi, parce que la Seine le cou-vre par plusieurs replis, et que personne ne se hasardera légèrement à tenter trois passages de rivière en présence d'une armée dans Paris, il devient évident qu'on a été dirigé par une autre pensée que par celle de la défensive contre un en-nemi extérieur. On entreprit en même temps un autre travail, presque adhérent à ce fort déguisé, le long du bois de Boulogne, sur un demi-mille de développement; et pour avoir aussi, en quel-que sorte, égard aux points qui avaient jadis joué un rôle dans les évènemens de la guerre, on ja-lonna en même temps et on disposa tout derrière Clichy, Aubervilliers et Pantin, sur une étendue d'un demi-mille. Mais, d'après toutes les nouvelles, les travaux à l'ouest de la ville sont ceux que l'on pousse avec le plus d'activité.

Il est ainsi manifeste que par-là, Neuilly avant tout, et aussi Saint-Cloud, seront couverts; ce à quoi contribuera encore plus tard un fort, semblable à une citadelle, sur le Mont-Valérien, qui offre le meilleur de tous les points culminans de toute la portion de terrain entourée par la Seine, entre Argenteuil et Sèvres. Il ne peut y avoir lieu d'entrer ici dans de plus grands détails pour développer plus amplement l'idée fondamentale du système, puisque nous avons principalement à nous occuper de l'ensemble de la mesure, qui partout met en lumière les mêmes pensées. Le roi Louis-Philippe a fait pour ces constructions des sacrifices importans, il doit par conséquent être convaincu qu'il en retirera de grands avantages : mais celui que l'on espère obtenir le plus prochainement, et que l'on considère comme certain, sera de pouvoir, sous la protection d'une bonne et solide garnison, dans les casernes hors de Paris et dans les forts, échapper facilement au danger sans cesse renaissant des émeutes. Ce but une fois atteint, une armée de 60 à 70,000 hommes que l'on a barraquée pour les travaux autour de Paris, et qui s'y sera bientôt accoutumée, la pelle à la main et le fusil à proximité, tiendra la capitale dans le repos, jusqu'à ce que des quartiers bien isolés, pour 40 ou 50,000 hommes, dans les forts casematés et dans les établissemens militaires disposés derrière l'enceinte, et sur neuf points différens dans le voisinage de la grande route stratégique, soient en état d'être occupés. Paris sera alors abandonné à sa pleine et entière liberté, ainsi qu'à sa propre garde. Les Chambres continuent de siéger au Palais-Pourbon, et les ministres d'habiter leurs hôtels. Le roi et l'armée veillent à la sûreté de la ville et du pays, au dehors et au dedans. Mais si des troubles surviennent, si les masses, comme peuple souverain, si les rhéteurs, du haut de la tribune, veulent gouverner, on ferme les barrières pour quelques jours, et on prescrit une diète convenable, jusqu'à ce que la raison soit revenue. Si la presse se rend dangereuse, si on fait un appel à la guerre, on s'empare des émeutiers, et on leur assigne des logemens propres à opérer leur guérison. Bref, Paris sera ramené tout à la fois matériellement au repos, à l'ordre et à la conviction qu'une capitale fortifiée est le complément nécessaire d'une république revêtue de formes monarchiques.

On sera peut-être disposé à vouloir reconnaître dans tout cela la fin de la liberté! Mais si on réfléchit que pour pouvoir exister en société, l'homme doit nécessairement supporter un frein salutaire, afin de ne pas continuellement écraser son prochain en exerçant pleinement sa soi-disant liberté; que ce frein existe pourtant moralement sous toutes les formes de gouvernement qui ne veulent pas être remises chaque jour en question ; que cependant les Français ont secoué toute espèce de frein moral, à partir de la religion, pour en appeler à la force matérielle, et se donner une nouvelle forme de gouvernement à leur guise : on jugera que ce frein indispensable et salutaire ne peut être imposé que par des moyens matériels, et c'est pourquoi les fortifications sont certainement le complément nécessaire de leurs institutions gouvernementales. Et comme aucun gouvernement ne peut avoir intérêt à faire usage de ces moyens sans nécessité, parce qu'il ne l'oserait jamais sans danger, ils s'accommoderont tout à la fois et de rentrer dans le bon ordre et du développement de leur bien-être, et alors, malgré leur embastillement, ils se trouveront aussi heureux que toute autre nation qui, librement soumise à l'autorité, maintient l'ordre d'une autre manière, et réduit à l'impuissance les perturbateurs, comme ennemis du bien public. Les bons citoyens reprendront courage; ils étoufferont l'émeute dans son germe, et ils forceront tous les batteurs de pavés, de haut et de bas étage, à se contenter d'occupations pacifiques. Beaucoup de journalistes dangereux se verront forcés de se livrer à de plus utiles travaux, parce que personne n'attachera plus de prix à leur griffonnage, et le bavardage des rhéteurs sera réduit au silence en présence de la raison, généralement réveillée.

Ainsi l'orateur qui considérait la fortification de Paris comme une garantie de la paix européenne, a dit une grande vérité; mais ce n'est pas tout-à-fait dans ce sens que cette fortification inspirera à l'Europe de la crainte et de l'effroi, et qu'elle se soumettra à toutes les fantaisies de la France, mais parce que la fortification rend l'anarchie impossible en France, parce qu'il en résultera un état de stabilité de toutes les mesures organisatrices, aussi long-temps que le souverain saura enchaîner à sa personne l'armée, recrutée dans toutes les parties de la France. Les discussions des Chambres n'amèneront plus de désordres politiques, mais elles auront davantage pour objet les questions intérieures, qui inspireront d'autant plus d'intérêt, et ne seront plus traitées devant les banquettes. Le refus de l'impôt deviendra une pensée impossible à réaliser;

la loi ne sera plus remise en question à chaque renouvellement des Chambres, et ainsi il sera possible à l'homme d'Etat de compter sur l'avenir. Les continuels changemens de ministère cesseront; la politique extérieure se mettra en équilibre avec celle des autres Etats; il sera alors possible au gouvernement de développer un système par lequel seul une influence salutaire peut être exercée, parce que les autres pourront en apprécier la tendance.

En présence de tant d'élémens de vrai bonheur et de florissantes destinées pour la France, on doit s'étonner que les légitimistes, qui veillent avec tant de sollicitude au bien de la patrie, ainsi qu'ils l'affirment, et qui, outre cela, revendiquent sans cesse l'héritage de la révolution pour satisfaire aux passions des masses, notamment en se faisant forts de reconquérir aussitôt la frontière du Rhin, ne se soient point entendus pour soutenir la fortification. Eux qui n'ont pas eu le courage de défendre leur roi légitime, prennent le Rhin, comme si c'était pour eux une bagatelle de faire reculer l'Europe, en tirant seulement leur grand sabre de bataille, qui, ni dans les guerres de la révolution, ni nulle part, de mémoire d'homme, n'est sorti du fourreau, excepté dans l'innocente marche sur Cadix, et dans la surprise d'Alger, lesquelles, quelqu'honorables que soient ces deux expéditions, ne peuvent cependant pas entrer en comparaison avec les luttes gigantesques terminées en 1815 (1). Tout considéré, il y a lieu de s'étonner, disons-nous, que les légitimistes, qui d'abord avaient trouvé bonne la fortification, se prononcent aujourd'hui décidément contre. De tout cela résulte cependant la preuve la plus palpable que dans la fortification se trouve le complément de la forme de gouvernement autrefois chérie, et la garantie de la stabilité de ce qui existe. Un changement de dynastie devient désormais impossible, car personne ne le demandera; et tous les efforts pour rappeler un prétendant, sous le prétexte que de lui seul viendra le salut, doivent échouer devant cette considération, que le bonheur et le bien-être seront partout.

A celle-ci vient s'en joindre une autre, à laquelle, en terminant, nous devons donner quel-

(1) Nous ne répondrons point ici à ces assertions, au moins étranges, de l'auteur; mais la réponse est facile; elle ne se fera pas long-temps attendre, et ce sera Napoléon qui s'en chargera; elle se trouvera tout naturellement dans un écrit qui n'avait point été composé à cette intention, et ne tardera pas à être mis sous presse. (*Note du traducteur.*)

que attention. La France est un pays riche et privilégié qui se guérit toujours en peu de temps des blessures qu'il a reçues, soit qu'elles lui viennent du dehors, soit qu'elles lui aient été occasionées par des troubles intérieurs. Mais là, comme partout, cette richesse et ce bien-être portent à l'arrogance et aux entreprises aventureuses. Maintenant la fortification offrira ce résultat avantageux, et qui n'est point du tout à dédaigner, ce sera d'absorber pour long-temps le superflu, et d'agir ainsi indirectement sur les esprits, en les ramenant à l'idée du repos. On n'a présenté que superficiellement aux Chambres les dépenses du premier projet, mais il n'a point été question de l'armement, des approvisionnemens de toute nature, ni de l'entretien, qui en sont inséparables. Pour tout cela, ce ne sera pas avec de petites sommes qu'on y pourvoiera; aussi le loyal et prévoyant ministre des finances, au lieu de l'emprunt de 5oo,ooo,ooo de francs, montré jusqu'alors en perspective, a-t-il parlé d'un milliard. Il ne sera pas tout-à-fait sans intérêt d'évaluer un peu plus exactement les dépenses vraisemblables d'après le projet présenté. La circonférence de la ville est, comme il a déjà été dit, de 825o verges, ou quatre milles et un huit d'Allemagne. Sur ce développement, il n'y aura

que 93 fronts de polygone, qui vraisemblable-
ment seront construits assez grands pour devenir
des forts d'autant plus respectables, en les fer-
mant à la gorge. Si on évalue un profil seulement
ordinaire et bien revêtu, au prix qu'on sait être
passablement élevé de la journée à Paris, on ne
se trompera point en portant la dépense, pour
chaque front, à un million de francs; ce qui fait
pour l'enceinte 93 millions. La périphérie em-
brassée par les forts comporte 13,500 verges ou
six milles trois quarts d'Allemagne; elle est oc-
cupée par 15 forts et quelques ouvrages de campagne. Ces 15 forts offrent 64 fronts, tous très-
étendus, et que par conséquent on évaluera au
moins au même prix : 64 millions. Les routes
stratégiques, également projetées, 60 millions.
Les indemnités pour le terrain, calculées sur les
prix des journaux de terre de Magdebourg (et
certainement à Paris ils coûteront plus du dou-
ble), 60 millions. Les bâtimens militaires au prix
des maisons à Paris, tant pour l'enceinte que
pour les forts, 200 millions. L'artillerie, au total et avec tous les accessoires nécessaires d'armement et d'équipement (pour 157 fronts), 300
millions. Objets d'approvisionnement, munitions,
200 millions. Ensemble 977 millions, d'où on
peut conclure que le milliard annoncé sera à

peine suffisant. Cette dépense, tout-à-fait en dehors d'un budget déjà monstrueux lui-même, est
bien propre à préserver pendant quelques années
les contribuables de toute extravagance. Dans
tous les cas, on avouera que cette conception,
considérée par ses inventeurs comme le complément absolument indispensable du gouvernement constitutionnel récemment découvert,
jointe à un budget énorme, ne fait pas du *gouvernement à bon marché* (1) le système le
moins cher de gouvernement.

Qu'il nous soit permis encore d'examiner comment cette fortification sera susceptible d'être
défendue. Abstraction faite de l'énorme maté-
riel qu'elle fait nécessairement présupposer, car,
vu sa grande étendue, il n'y a point à penser à
la concentration, sur un point déterminé, de
moyens disséminés, ce que nous avons déjà pris
en considération dans les évaluations en argent;
abstraction faite également de cette circonstance
que, dans la répartition des ouvrages sur le terrain, on ne reconnaît absolument aucun système de défense profondément réfléchi, contre
une attaque sérieuse du dehors, ce qui se fait

____

(1) Ces mots sont en français et soulignés dans
l'original.

aussi bien remarquer dans l'exécution, puisqu'on ne se tient lié en aucune manière au projet; mais, ainsi que nous l'avons appris, on se propose de rapprocher de beaucoup le groupe de fortifications qu'on avait poussé en avant jusqu'à Saint-Denis; abstraction faite de tout cela, qu'il nous soit permis de placer ici quelques observations plus précises sur l'armée indispensable pour la défense. Prenons d'abord le minimum, savoir : pour chaque front, 200 hommes; pour chaque fort, y compris la garde nécessaire du terrain intermédiaire dans les ouvrages de campagne, etc., 1000 hommes; nous aurons, pour le service journalier, besoin de 46,400 hommes, sans y comprendre la garde intérieure de Paris, qui, nous l'admettons, sera laissée à la garde nationale, tant qu'elle le voudra bien, c'est-à-dire tant qu'il ne manquera rien à ses commodités journalières, ce qui sans doute ne durera pas long-temps. Et comme, dans les garnisons, le tour de service revenant tous les trois jours est considéré comme le maximum que l'on puisse exiger, et qu'en outre les hommes qui ne sont point de garde sont tenus d'être prêts à marcher au besoin, il faut que le total indispensable, en troupes de toutes armes, soit au moins de 139,200 hommes, ou, pour faire un compte rond, 140,000 hommes, c'est-à-dire trois fois autant que Turenne, Eugène, Marlborough, Condé et autres grands hommes de guerre considéraient comme le beau idéal d'une armée en campagne, et près de trois fois autant que Napoléon en employa pour disputer la victoire, en plaine, dans la dernière période de la campagne de 1814. De là se présentent ces questions bien simples : c'est de savoir si un général d'armée risquera jamais de se laisser enfermer, avec 140,000 hommes, dans ces fortifications; d'où viendra donc la délivrance, si les forces de la France sont à tel point paralysées; et comment veut-on empêcher l'ennemi de prendre aussitôt possession de Paris, si on est obligé de laisser derrière ces immenses remparts un nombre moindre de défenseurs, dont les forces morcelées, et partout insuffisantes, ne seront pas physiquement en état de se prêter un mutuel secours? Mais il faut principalement ne pas perdre de vue le nombre immense d'artilleurs nécessaire pour le service de cette multitude de pièces, et qui n'est dans aucune proportion avec la composition d'une armée en campagne. Cette circonstance semble à elle seule décisive.

On ne peut pas supposer que toutes ces considérations aient échappé à la clairvoyance des militaires français, si expérimentés. Aussi, en examinant leurs opinions diverses, nous voyons qu'ils ont seulement combattu avec des argumens qui ne touchent en rien au fond réel de la question, mais qui étaient exactement calculés pour faire impression sur l'auditoire et sur l'opposition, et pour être à leur portée. Un autre but que la défense du pays a fait éclore le projet, et il a fallu mettre ces militaires dans le secret pour les amener à prêter, en apparence, l'appui de leurs efforts et de leur renom, afin d'obtenir ce qu'on voulait. Honneur à eux, de ce que, dans l'intérêt véritable de leur patrie et du repos de l'Europe, ils ont gardé si parfaitement ce secret jusqu'à la fin, avec une abnégation d'eux-mêmes qu'il est impossible de méconnaître. Seulement, le vieux maréchal Soult chancela un moment, et donna même à entendre qu'il ne fallait pas mêler ici la raison de guerre, telle qu'on la comprend dans son sens technique; et le général Bugeaud, avec la plus grande imprévoyance, mit au jour la pure vérité, ce qui occasionna un grand tumulte que M. Guizot eut assez de peine à calmer, avec un grand luxe d'éloquence, pour frayer de nouveau le chemin aux anciennes idées.

Nous pouvons donc saluer, dans la fortification de Paris, le complément indispensable de

ces institutions constitutionnelles qui sont deve-
nues la marotte de ce que l'on appelle l'esprit du
siècle; dans cette fortification est le germe du
retour au repos et de la stabilité de tout établis-
sement solide en France, du progrès raisonna-
ble, de la vraie liberté, et par suite du bien général. Qu'on puisse obtenir à meilleur marché
un semblable résultat avec d'autres formes de
gouvernement, ce serait une autre question,
dont nous abandonnerons toutefois la solution
aux lecteurs prussiens.

FIN.

Imprimerie de G.-A. DENTU, rue de Bussy, n° 17.

www.ingramcontent.com/pod-product-compliance
Lightning Source LLC
Chambersburg PA
CBHW061115050726
47594CB00005B/1943